DE LA

RÉVOLUTION

ET DE LA

CONTRE-RÉVOLUTION

PAR RAPPORT A L'ÉGLISE

ET A LA ROYAUTÉ.

PARIS,

BÉCHET AINÉ, LIBRAIRE,

PALAIS-ROYAL, GALERIE DE BOIS, Nᵒˢ 263—264.

———

1826.

AVERTISSEMENT.

Ce petit écrit avait été composé à l'occasion du grand coup que la faction théocratique où contre-révolutionnaire voulait frapper par le rétablissement du droit d'aînesse. Des raisons qu'il est inutile de faire connaître au public en ayant empêché alors la publication, on croit, quoique ce grand coup ait été victorieusement repoussé, devoir l'imprimer au moment où cette faction vient de lancer son manifeste, et de se déclarer régnante par la bouche de M. le Ministre des affaires ecclésiastiques.

On espère que le lecteur intelligent trouvera dans cet écrit des principes lumineux et sûrs pour attaquer le prétendu droit que M. le Ministre attribue, dans ce manifeste, à la puissance civile d'ordonner l'enseignement des quatre propositions de la Déclaration du Clergé de 1682, c'est-à-dire de commander des doctrines. Il est triste de voir un évêque catholique, dirigeant l'instruction ecclésiastique, mettre ainsi la foi dans le domaine de la loi civile ; de le voir ajouter au principe général de la théocratie ultramontaine, qui attribue à la puissance civile le droit de commander les doctrines religieuses que lui prescrit l'autorité sacerdotale (principe qui confond l'âme avec le corps, et établit le matérialisme et l'athéisme), un principe particulier de schisme, en lui attribuant le droit de les commander de son propre chef. C'est l'anglicanisme pur. Il ne manque que le fait de la séparation. Mais écoutons M. l'évêque d'Hermopolis se défendant de cette accusation : « Louis XIV donna une existence légale « à la Déclaration, non que ce grand roi voulût « s'ériger en juge de la doctrine, mais parce « qu'il pensait avec raison qu'un acte con- « senti par l'épiscopat français méritait bien « d'être respecté. Il ordonna que les quatre « articles devinssent la règle de l'enseignement « théologique dans les facultés, et qu'il ne fût « pas permis de professer publiquement le « contraire. » (*Moniteur* du 29 mai 1826.) Cela veut dire en résumé : Louis XIV ne voulut point s'ériger en juge de la doctrine, seulement il ordonna qu'on l'enseignât, et défendit d'enseigner le contraire, sous peine de se rendre coupable d'un délit civil. Argument tout à fait semblable, s'il est permis de mêler des choses plaisantes à des matières si sérieuses et si graves, à celui de ce personnage d'une comédie française qui, pour repousser l'imputation qu'on lui adresse d'avoir des parens marchands, répond que ses parens n'étaient point marchands, que seulement ils donnaient à leurs amis des étoffes pour de l'argent. Qui croirait pourtant qu'au dix-neuvième siècle, un grand-maître de l'Université de France pût ainsi se jouer de la raison ? Et remarquez que M. l'évêque d'Hermopolis, ministre du roi, ne s'érige point, pas plus que Louis XIV, en juge de la doctrine ; mais qu'il est prêt à déférer aux tribunaux quiconque le contredira, comme il y a déjà déféré M. l'abbé de la Mennais.

Ce droit, que M. l'évêque d'Hermopolis attribue à la puissance civile de commander des doctrines religieuses, le conduit à une bien déplorable doctrine sur le mariage. Il veut « qu'on trouve le moyen d'empêcher « qu'aucun mariage, quel qu'il soit, ne puisse « avoir lieu en France sans être consacré par

« un acte religieux. » (*Mon.* du 28 mai 1826.)
Nous n'entrerons là-dessus dans aucun dé-
tail; il y aurait trop à dire. Il est évident qu'on
ne peut trouver ce moyen qu'en soumettant
l'acte religieux à la puissance civile, et l'acte
civil à l'autorité sacerdotale, c'est-à-dire qu'en
introduisant dans la législation le principe
anglican de schisme et le principe matérialiste
et athée de la théocratie ultramontaine; qu'en
détruisant l'Église et bouleversant l'Etat; qu'en
remettant la société et la source des générations entre les mains du Pape, pour qu'il les
livre à la faction du privilége. Espérons que
si jamais le délire de cette faction anti-reli-
gieuse et anti-sociale la portait à faire présen-
ter aux pouvoirs publics quelque projet de
loi pareil, la Chambre des Pairs saura péné-
trer l'étendue du mal, et en fera justice comme
du projet de loi sur le droit d'aînesse, qui
était mille fois moins désastreux. Voyez, dans
le *Journal des Débats* (31 mai 1826), d'ex-
cellentes réflexions d'un protestant, en ré-
ponse à ce passage du manifeste de M. le
Ministre des affaires ecclésiastiques.

DE LA RÉVOLUTION

ET

DE LA CONTRE-RÉVOLUTION

PAR RAPPORT

A L'ÉGLISE ET A LA ROYAUTÉ.

C'est une longue et terrible guerre que celle de l'erreur et des passions contre la raison. Commencée avec la corruption de l'homme, continuée six mille ans sans interruption, elle l'a fait passer par toutes les extrémités du délire, du crime et du malheur. La raison venait à la fin de prévaloir. Elle retirait l'homme de son incompréhensible misère, le rappelant, autant que le permet l'infirmité de sa nature, à une image de la perfection et du bonheur dont il était déchu à l'origine. Son bienfaisant et glorieux ascendant semblait irrésistible. Quelques personnes pour qui les prospérités de leurs semblables sont une calamité et le bien un supplice, ont entrepris de le détruire. Examinons leur entreprise.

« La distance infinie des corps aux esprits figure
« la distance infiniment plus infinie des esprits à la
« charité, car elle est surnaturelle.... De tous les
« corps ensemble on ne saurait tirer la moindre pen-
« sée : cela est impossible, et d'un autre ordre. Tous
« les corps et les esprits ensemble ne sauraient pro-

« duire un mouvement de vraie charité : cela est
« impossible, et d'un ordre tout surnaturel (1). »
Ces trois ordres de genres différens, séparés les uns
des autres par l'infini, comprennent l'ordre social,
l'ordre religieux de la nature, et l'ordre de la grâce,
qui sont par conséquent aussi, nécessairement, de
genres différens ou séparés les uns des autres par
l'infini. Ils ne se touchent et ne communiquent que
dans l'unité indivisible de notre être : en sorte que
nous appartenons à la fois à ces trois ordres par notre
corps, notre âme, et l'union surnaturelle de notre
âme à Dieu, et que néanmoins ces trois ordres n'ont
hors de cette unité rien de commun, sont de tout
point respectivement indépendans.

Or, l'existence de ces trois ordres repose sur l'indépendance de la raison de l'homme (qui est son existence même, l'essence de la raison étant d'être indépendante, et de ne pouvoir être asservie sans être
anéantie) dans l'ordre social, c'est-à-dire sur la liberté
et l'égalité civiles et politiques, qui, reconnaissant
l'homme maître de lui-même, supposent qu'il est un
être raisonnable, ou qu'il n'a au dessus de lui que l'é-
ternelle raison de Dieu, dont la lumière est naturellement allumée en lui, supposent que par cette lumière,
qui fait sa raison, il a des rapports intérieurs, directs
avec Dieu, supposent l'existence de l'ordre religieux de la nature, formé de ces rapports, lequel
donne lieu à l'existence de l'ordre de la grâce, qui
s'élève à une hauteur infinie, ou à la distance de la

____

(1) *Pensées de Pascal,* art. *Jésus-Christ.*

nature à la grâce, au dessus de lui, comme il est élevé lui-même à une hauteur infinie, ou à la distance de la matière à l'esprit, au dessus de l'ordre social dont il est le lien. La moindre atteinte à la liberté et à l'égalité civiles et politiques, ou à l'indépendance de la raison de l'homme dans l'ordre social, le détruisant comme être raisonnable, détruit ses rapports intérieurs, directs avec Dieu, détruit l'ordre religieux de la nature, qu'ils constituent, l'ordre de la grâce, dont l'existence suppose celle de l'ordre religieux de la nature, et plonge dans une irrémédiable anarchie l'ordre social, qui, n'ayant plus de lien dans l'ordre religieux de la nature, n'est plus soumis qu'à l'aveugle empire de la force.

Telle fut la société jusqu'à la révolution française. La force y dominait seule, la raison était enchaînée, et l'homme traité comme la brute. J. C., venu pour perfectionner et sanctifier la loi, pour la ramener à son objet primitif, les biens spirituels; J.-C., créateur de l'ordre de la grâce, reconnaissant l'être raisonnable de l'homme, proclama l'indépendance de sa raison, avec elle la liberté et l'égalité civiles et politiques, et constitua ainsi l'ordre social. L'homme spirituel, dit saint Paul (1), *juge de tout, et n'est jugé de personne*, parce qu'il juge selon la lumière de la raison éternelle, qui est le commun juge de tous les esprits. Dieu seul (2), s'écrie Tertullien devant les tyrans d'alors, c'est-à-dire la lumière de son

____

(1) Cor. 2. 15.
(2) Apolog. 4° 34.

éternelle raison, qu'il a lui-même allumée en moi, en me faisant à son image, Dieu seul est mon maître.. Les oppresseurs de l'humanité, les grands et les prêtres arment les peuples du fer et de la flamme contre les sectateurs d'une doctrine qui abattait leur puissance. Les chrétiens, puisant dans la grâce et l'espérance de la vie future un courage qu'ils n'auraient peut-être pas trouvé dans la nature et l'espoir des avantages d'une société libre ici-bas, dont ils n'avaient pas d'ailleurs l'idée, bravent la rage de leurs absurdes et féroces persécuteurs. Ils sont bientôt en majorité dans cet empire qui s'était flatté de les exterminer. Le pouvoir est dans leurs mains. Et, quoique n'ayant cherché par leur héroïque résistance que la félicité du Ciel, ils vont, par le règne social de la raison, fonder le bonheur de l'homme sur la terre. Mais le temps n'était pas encore arrivé dans les desseins de la Providence. Le Christianisme veut monter sur le trône avec Constantin, et se fait déclarer loi civile et politique. Détruisant ainsi l'indépendance de la raison, ou l'être raisonnable de l'homme, l'ordre religieux de la nature, celui de la grâce et l'ordre social, qu'il confond tous entièrement, se détruisant lui-même, il continue dans la société la domination de la force qu'il devait y faire cesser, et la rend mille fois plus terrible que le paganisme qui, n'étant que de vaines cérémonies, n'embrassait que quelques actes extérieurs de l'homme ; au lieu que le Christianisme, dans son pervertissement, étend à l'homme tout entier la puissance souveraine qu'il a reçue sur ce qui regarde immédiatement l'ordre de la grâce, et le livre tout entier et sans défense aux caprices et aux passions des possesseurs de la force , auxquels il communique l'épouvantable esprit de sa dégradation. Alors commença l'âge de fer du genre humain. Les ténèbres et l'oppression l'enveloppèrent de tous côtés, et le plongèrent dans des désordres et des maux jusque-là inconnus au monde. Les dieux qu'avait enfantés le paganisme pouvaient sembler admirables à côté du dieu créé par la théocratie chrétienne. Le bien parut cesser parmi les hommes (1).

La raison , éteinte dans leur âme durant ces temps, ayant été ranimée par des causes qu'il n'entre pas dàns notre plan d'exposer, reproduisit en France la révolution chrétienne que la théocratie de Constan-

____

(1) L'auteur de l'*Essai sur l'Indifférence* prétend, dans le premier chapitre, que *la société, à cette époque, fut régie par une puissance infinie d'amour*. On ne sait ce qui doit étonner davantage ou d'une telle ignorance , s'il est de bonne foi ; ou d'une telle impudence, s'il ne l'est pas. Espérons que bientôt les plus aveugles mêmes verront, et que le masque tombera de la face des hypocrites. Les annales de la théocratie chrétienne en Europe, et surtout en France, ces annales de la démence, de la scélératesse, de la turpitude, des misères et des douleurs, de tout ce qu'en un mot peut enfanter de plus hideux le despotisme religieux et politique, sont enfin déroulées par des mains habiles et infatigables devant les yeux des peuples. C'est là, contre ceux qui se jouent du raisonnement ou qui le fuient, la foudroyante logique des faits. L'âme frémit en contemplant tant de monstres, de crimes, de vices et de souffrances. C'est ainsi que la religion de vérité, de sainteté et d'amour, pervertie par son alliance avec la politique, semble avoir révélé toute la dépravation et la barbarie du cœur humain. M. Dulaure et M. Guizot auront particulièrement bien mérité de la religion et de l'humanité.

tin avait anéantie. L'Assemblée Constituante établit la liberté et l'égalité civiles et politiques, sépara l'ordre social de l'ordre religieux de la nature, et l'un et l'autre de celui de la grâce. Comme à l'origine du Christianisme, les prêtres (1) et les grands armèrent les peuples contre une révolution qui renversait leur usurpation despotique. Les uns allèrent lui susciter l'étranger, tandis que les autres soulevaient contre elle leurs concitoyens. Infortunés Vendéens, qui croyiez mourir pour votre Dieu et votre roi, vous ne mouriez donc que pour vos tyrans, et votre sang ne devait servir, s'il était possible que la raison succombât de nouveau dans la lutte, qu'à retremper les fers de votre lamentable postérité! O peuples! quand saurez-vous distinguer la religion et la patrie, des imposteurs qui se couvrent de leurs augustes noms, afin de dévorer votre substance, et ne vous sacrifierez-vous qu'à vos intérêts? Cependant un homme prit en main la vengeance de la raison; qu'il mit sous la la protection de son épée, repoussant la force par la force. Il accabla ses ennemis d'effroi au dedans, les brisa au dehors. D'une main il affermissait son empire

---

(1) Il serait superflu d'avertir qu'il est uniquement question des grands et des prêtres qui, par préjugés ou par hypocrisie, font de la religion un instrument de domination et de fortune. Depuis l'établissement de la théocratie chrétienne, c'est-à-dire depuis Constantin, il y a eu beaucoup de grands et de prêtres (quoique ce n'ait pas été le plus grand nombre) qui n'ont cherché dans la religion que la gloire de Dieu et le bonheur de l'homme. Notre révolution en offre d'illustres exemples. Nul n'a mieux entendu et mieux défendu qu'eux la cause de Dieu et des peuples.

naissant, dans la société française, de l'autre, en pour-
suivant ceux qui voulaient l'étouffer, il portait son
génie à Turin, à Naples, à Vienne, à Madrid, à
Berlin, à Saint-Pétersbourg, où bientôt elle lèvera
la tête pour ne la courber jamais. Bonaparte, qui,
en général, conservait les principes de la raison
dans les lois, et les propageait si rapidement chez
tant de nations, lui donnait dans l'administration
d'horribles coups, qui le précipitèrent. Quand il
tomba, les Bourbons n'étaient pour les générations
vivantes qu'un grand souvenir historique. Mais,
comme, au contraire des autres maisons souveraines
de l'Europe, et tout en subissant les écarts et les
malheurs de l'ignorance et de la barbarie théocratique, ils avaient travaillé à ruiner l'aristocratie civile et sacerdotale, à relâcher les chaînes de la nation
et à la civiliser, elles crurent que leur unique désir,
comme leur premier intérêt, était de conserver,
en le délivrant du despotisme administratif de Bonaparte, un ordre de choses qu'ils avaient long-temps
fait effort d'élever, et qui avait mûri à l'ombre de
leur trône. La déclaration de Saint-Ouen ayant
prouvé qu'elles ne s'étaient point trompées, elles les
accueillirent avec une grande joie. La Charte fut la
reconnaissance de la révolution. Malheureusement
son auteur, le seul des rois existans qui connût l'élé-
vation de son siècle, ne put, à cause de ses infirmi-
tés, gouverner par lui-même. Le pouvoir tomba dans
des mains infidèles ou incapables, qui permirent
à la faction du privilége de se relever, et de détruire
la révolution ou de faire la contre-révolution. La li-

berté et l'égalité politiques furent abolies par la loi des élections de 1820, la liberté et l'égalité civiles vont l'être par le droit d'aînesse et les substitutions. Le Concordat de 1817 abolit l'épiscopat et anéantit l'Église, et la loi du sacrilége, confondant l'ordre de la grâce, l'ordre religieux de la nature et l'ordre social, les a renversés de fond en comble, a détruit la raison de l'homme, et livré la société tout entière au mouvement brutal de la force. La contre-révolution est partout dans les lois et l'administration, les ramenant avec une effrayante vitesse au temps de Grégoire VII. Comment s'est-elle faite? à quoi aboutira-t-elle? Elle s'est faite par la puissance de deux mots, *impie, rebelle* ou *athée* et *anarchique*. Nous dirons plus loin à quoi elle aboutira.

L'homme étant un être essentiellement religieux et sociable, toute doctrine impie et anarchique est à ses yeux une monstruosité, pour laquelle il a une horreur toute particulière, et dont il ne croit pas payer la destruction trop cher de sa fortune, de sa liberté, ni même de sa vie. C'est par cette disposition, qui est la plus haute marque de la dignité et de la puissance de sa nature, qu'on l'a toujours pris pour l'enchaîner et le dégrader, et cet affreux désordre se renouvelle encore au dix-neuvième siècle, où il semblerait qu'il dût être assez éclairé pour juger par lui-même ses croyances religieuses et ses opinions politiques.

Pour opérer la contre-révolution ou détruire la raison de l'homme dans la société, on a cherché à lui représenter cette raison comme principe de l'athéisme et de l'anarchie. Voici de quelle manière on y est parvenu.

Malebranche avait mis en Dieu l'origine de nos idées, et fait de l'âme un être sans raison, ou, comme parle l'école, un *tabula rasa*, recevant la raison de Dieu par une union intérieure, c'est-à-dire qu'il en avait fait une modification de la Divinité, et avait anéanti sa substance. M. de Bonald, alliant ce panthéisme spiritualiste au panthéisme matérialiste de Condillac, qui fait aussi de l'âme un *tabula rasa*, mais place l'origine de nos idées dans les sens, et la raison dans les mots, a prétendu, avec Malebranche, que notre âme est naturellement sans raison; qu'elle reçoit la raison de Dieu, non, comme le soutenait ce philosophe, d'une union intérieure avec Dieu, ou de sa parole spirituelle, mais extérieurement ou de sa parole matérielle. c'est-à-dire, en dernière analyse, des mots, suivant le système de Condillac. Cette parole spirituelle donnée au premier homme, en germe, en partie, ayant reçu son entier développement dans la personne de Jésus-Christ, qu'elle constitue, le Pape, qui tient sa place sur la terre, se trouve l'origine de la raison de l'homme; qui de lui-même en est privé ou n'est point un être raisonnable, mais le devient par son union avec le Pape (comme dans Malebranche par son union avec Dieu), c'est-à-dire par une obéissance absolue à ses ordres ou aux ordres de ceux qui parlent en son nom. Donc, admettre la raison dans l'homme, c'est nier qu'il la reçoive du Pape, et l'en séparer entièrement, le séparer de Dieu, que le Pape représente, et le faire athée et insociable ou anarchique. Le lecteur nous dispensera de nous arrêter à combattre de telles imaginations. Les exposer dans leur nudité, ce que leurs auteurs se gardent bien de faire, c'est assez les réfuter. Ce sont ces imaginations que M. l'abbé de la Mennais a mises en style romantique. M. de Maistre a pris un autre détour, qu'il a eu également soin de ne pas montrer à découvert, pour représenter la raison de l'homme comme principe d'athéisme et d'anarchie. Il a admis, avec l'école spiritualiste, que l'homme a naturellement en lui la raison; mais il a prétendu qu'elle y avait été anéantie par sa chute primitive, ou du moins si fort dégradée, que son âme se trouve réduite, ou à peu près, par cette chute, à l'état du *tabula rasa* de Malebranche, et qu'il lui faut une *régénération substantielle*, selon son expression (1), pour redevenir un être raisonnable ou pour rendre la raison à l'homme. Cette régénération ayant été opérée par J.-C., le Pape, qui tient sa place, la perpétue, et est ainsi l'origine de notre raison, que nous recevons par une obéissance absolue à ses ordres ou aux ordres de ceux qui nous parlent en son nom. Reconnaître donc la raison dans l'homme, c'est nier qu'elle lui vienne du Pape, par consé-

---

(1) Voyez le *Second Entretien des Soirées de Saint-Pétersbourg*. Quoiqu'il ne s'agisse dans cet endroit que de la vision béatifique ou de la contemplation parfaite de la Divinité, il est évident, par l'ensemble des ouvrages de l'auteur, que cela doit s'entendre de toute perception de la raison ou de l'esprit, et quel qu'en soit l'objet; autrement il ne se comprendrait pas lui-même.

quent le séparer de lui, et en même temps de Dieu, qu'il représente, et tomber dans l'athéisme et l'anarchie.

Ces systèmes, comme l'on voit, sont une théorie de la théocratie pure. Nous voulons croire que leurs auteurs ont été abusés par leur imagination, et que le cœur n'a point de part aux erreurs de l'esprit; autrement l'imposture religieuse des prêtres et des grands du paganisme n'approcherait point d'une pareille perversité; car cette imposture, tout outrageante qu'elle était envers la Divinité et l'humanité, ne profanait aucune vérité révélée, aucune vérité qu'ils fussent chargés par un caractère sacré, ou obligés par leur condition de conserver et de répandre, et qui leur attirât la confiance ou le respect des peuples. Ici, c'est le pouvoir redoutable d'ouvrir et de fermer le ciel, expressément donné de Dieu, qu'on pervertit : premièrement en attribuant au Pape ce pouvoir, qui appartient au corps entier des évêques, et dont par conséquent il n'a qu'une portion; secondement, en étendant à toutes les choses de ce monde ce pouvoir qui n'a été donné que sur celles de l'autre, et encore qu'autant qu'on voudrait s'y soumettre.

Mais comment, dira-t-on, des systèmes si évidemment contraires à la raison et à la révélation, et si extravagans en eux-mêmes, ont-ils pu s'accréditer? Comment? par l'incroyable ignorance des catholiques. Qui d'entre eux a une idée de la religion, de Dieu, de son âme? qui d'entre eux a seulement appris l'enseignement de l'Église ou lu l'Écriture? Aussi, dans leur stupide crédulité pour les prêtres

2

et les grands, qui affectent de l'attachement à la religion, peut-on leur faire prendre pour elle tout ce qu'on veut, et les rendre les éternels jouets de la fourberie ou des préjugés. Au reste, ils ont été préparés à ces œuvres de ténèbres. Un auteur d'un beau talent d'écrire, mais esprit superficiel et faux, avait célébré la théocratie chrétienne, déclamé contre la raison, qu'il accusait de n'avoir *jamais séché une larme*, et la révolution française de lui *avoir dédié les temples*, disant que *la doctrine du Christianisme n'a pas son siége dans la tête, mais dans le cœur* (1). L'enchantement de mots de son style, l'étonnante mélancolie de quelques unes de ses productions, et les empressemens de la faction du privilége à l'exalter, lui donnèrent de l'influence sur la multitude, à qui il fit goûter et rendit agréable le poison qu'elle devait plus tard avaler tout entier. Dès ce moment la contre-révolution n'a cessé de faire des progrès parmi les catholiques qui se laissent aveuglément gouverner par les prêtres et par ceux qui leur parlent de religion, et de dominer dans le nouveau bas-clergé. S'il est un spectacle capable d'inspirer la pitié et l'horreur, c'est de voir ce troupeau d'imberbes que la révolution chrétienne en France a fait passer, eux, leurs familles et leurs pareils, de l'état d'esclave au rang de citoyen, et, retiré de la misère attachée à l'abjection de la servitude, abjurant l'Évangile, qu'ils sont particulièrement engagés à défendre par leur caractère sacré, prêcher dans les

---

(1) *Génie du Christianisme*, chapitre *Rédemption*.

hameaux, avec un fanatisme incendiaire, la théocratie à leurs concitoyens, leurs amis et leurs pro-
ches, et menacer les indociles des flammes éter-
nelles, comme impies et rebelles.

La contre-révolution néanmoins n'est devenue
menaçante pour l'ordre social que depuis la restau-
ration. Tout à coup un cri violent et emporté a de-
mandé la destruction de la révolution dans la société,
sous peine de voir la France devenir à l'instant la
proie de l'athéisme et de l'anarchie. Ce cri, partant
à la fois des livres, des journaux, des tribunes publi-
ques, et surtout des chaires de l'Église (1), pouvait-
il ne pas effrayer et entraîner des esprits si ignorans
et si faibles? La voilà donc la révolution détruite
dans la société, et la France sauvée de l'athéisme
et de l'anarchie. La présence réelle est dans le Code
pénal, le Pape, par le concordat, peut mettre le
royaume en interdit, les jésuites, que le jour de la
raison avait fait rentrer dans le tombeau en ressor-
tent en foule bouillans d'audace et de fureur pour
abrutir et enchaîner les générations, qu'ils se flattent
de saisir rapidement par les congrégations, les pré-
dications, les directions des consciences, les réim-
pressions des livres ultramontains et superstitieux,
l'instruction privée et publique. Le pouvoir absolu

____

(1) Il y a peu de temps que nous avons entendu nous-même,
dans l'église de Saint-Sulpice, à Paris, un prédicateur dire en
propres termes, que *les peuples n'ont pas de droits, mais qu'ils
ont le droit d'être gouvernés*. Par un mouvement involontaire,
nous promenâmes autour de nous nos regards sur l'auditoire pour
voir s'il ne se levait pas spontanément d'indignation et d'horreur.

est dans l'ordre politique par le système électoral, sera demain dans l'ordre civil par le droit d'aînesse et les substitutions ; enfin la volonté du gouvernement est la raison souveraine de la France.

Mais pendant que la contre-révolution domine dans les lois et l'administration , la révolution est toute puissante dans la nation. Elle est comme la nature et la vie de vingt-neuf millions de citoyens ; c'est par elle qu'ils sont hommes et commencent à jouir des biens de la société humaine. Ils ne veulent qu'elle ; ils ne pourraient point ne pas la vouloir sans renoncer à leur bien-être et renier leur noble raison. Qui l'emportera dans la lutte? car, point de capitulation possible ; la révolution c'est la raison, la contre-révolution , la destruction de la raison. Ainsi il faut que la raison rentre dans les lois et l'administration d'où on l'a bannie, ou qu'elle soit anéantie dans la nation où elle règne en souveraine. Or, on a bien pu la faire abjurer à quelques cent mille personnes ignorantes ou superstitieuses en leur obsédant sans cesse l'esprit des lugubres fantômes de l'athéisme et de l'anarchie ; mais la nation , à qui une intime conviction dit que c'est à la raison qu'elle doit les vraies idées et les vrais sentimens de religion et d'ordre qu'elle manifeste si vivement dans les circonstances qui le demandent, méprise ces folles et hypocrites déclamations, veut la révolution et l'obtiendra à quelque prix que ce soit, parce que c'est la condition de son existence. Mais qu'on ne s'y trompe pas. Si la contre-révolution est emportée de force, elle ne tombera pas seule ; pour qu'elle ne

puisse plus se relever, le catholicisme et la royauté,
sur lesquels on l'appuie en les déplaçant, seront
renversés avec elle. C'est là l'inévitable résultat des
choses. Hé quoi donc? Le catholicisme en exécration
dans la Grande-Bretagne, les Stuarts éternellement
chassés, les catholiques irlandais impitoyablement
foulés depuis un siècle, seront-ils une leçon perdue?
Nos hommes religieux et monarchiques, comme ils
se nomment, n'en seront-ils point touchés? Et la
France serait-elle condamnée à voir la théocratie lui
dévorer cette église gallicane, la splendeur du monde
chrétien, et une race royale de huit siècles à qui elle
doit une partie de sa grandeur, de sa gloire et du
bonheur dont elle commence à jouir? Je ne puis le
croire! Quelque pressant que soit le danger, il est
encore possible de le détourner : il suffit de montrer
aux gens qui favorisent la contre-révolution en
croyant sincèrement servir la religion et la royauté,
et qui, en réalité, font sa véritable force, combien
elles s'égarent. Elles se sépareront de celles qui ne
la favorisent que dans leurs intérêts, et les réduiront
par là à leur impuissance naturelle. C'est ce qui
nous oblige à entrer dans quelques détails sur l'institution de l'Église, et sur l'absurdité funeste de l'alliance de la royauté avec la puissance ecclésiastique.

On a vu que l'homme, composé de corps, d'âme,
et surnaturellement uni à Dieu, appartient à la fois à
trois ordres, l'ordre social, l'ordre religieux de la
nature et celui de la grâce; que ces trois ordres,
qui se touchent et communiquent, comme le corps,
l'âme et la charité, dans l'unité indivisible de notre

être, n'ont, comme le corps, l'âme et la charité, qui sont séparés les uns des autres par l'infini, rien de commun hors de cette unité. L'Église, instituée pour former l'ordre de la grâce ou produire le règne de la charité, n'a donc aucun pouvoir dans l'ordre social, ni dans l'ordre religieux de la nature (1). Elle ne saurait changer les rapports religieux et moraux que l'homme a avec Dieu et avec ses semblables par sa raison, ni en créer de nouveaux; seulement elle lui présente le moyen de les sanctifier, le laissant du reste entièrement libre de l'accepter ou de le refuser à ses risques et périls. Et lorsque M. l'abbé de La Mennais prétend qu'*elle est la seule puissance spirituelle qui existe parmi les chrétiens* (2), il confond le pouvoir surnaturel qu'elle n'a reçu que dans l'ordre de la grâce, avec le pouvoir naturel de la raison de l'homme, qui, formant entre lui et Dieu des rapports intérieurs, directs, indépendans

---

(1) Le mariage, par exemple, appartient à la fois à l'ordre social, à l'ordre religieux de la nature et à celui de la grâce. Si le concile de Trente s'était borné à déclarer, selon l'enseignement de l'Église, qu'il forme un sacrement, il aurait prononcé sur un objet de sa compétence, et n'aurait pu faillir; mais en prétendant, ou du moins en paraissant prétendre que non seulement le mariage forme un sacrement, mais que c'est le sacrement qui constitue le mariage, il a excédé sa compétence en étendant sa juridiction à l'ordre social et à l'ordre religieux de la nature, et il a erré, ou, pour parler plus exactement, il a porté une décision qui est nulle d'elle-même.

(2) *De la Religion considérée dans ses rapports avec l'ordre politique et civil,* deuxième partie, page 127; par M. l'abbé de la Mennais.

de toute révélation, établit la puissance *spirituelle* de l'ordre religieux de la nature, la souveraineté dans l'ordre social , et est la source de tous les liens moraux parmi les hommes.

Le pouvoir de l'Église étant clairement déterminé, voyons quelle est sa constitution. *Tu es Pierre* (1), *et sur cette pierre je bâtirai mon Église, et les portes de l'Enfer ne prévaudront point contre elle.* Pour-quoi les portes de l'Enfer ne prévaudront-elles point contre elle? Parce que Dieu donnant aux autres apôtres avec Pierre le pouvoir qu'il a donné à Pierre seul, il les soutiendra éternellement par leur union. *Allez* (2), *et enseignez toutes les nations, je suis avec vous jusqu'à la fin des temps.* Le pouvoir de l'Église existe dans la personne de Pierre et de ses successeurs sous le caractère de l'unité, et dans la personne des autres apôtres et de leurs successeurs sous le caractère du nombre. Rien de plus conforme à la raison. Il n'y a point d'unité sans nombre, ni de nombre sans unité ; car pour unir les choses il faut qu'elles soient plusieurs , et pour qu'elles forment un nombre , il faut qu'elles aient un rapport com-mun. Dieu, source de la vérité et de l'être , est nombre dans l'unité, et unité dans le nombre. La souveraineté n'est réunie dans Pierre et ses succes-seurs que parce qu'elle est partagée par égale por-tion dans les autres apôtres et leurs successeurs, et elle n'est partagée par égale portion dans les autres

---

(1) Math., 16. 18.
(2) *Ibid.*, 28. 19 et 20.

apôtres et leurs successeurs que parce qu'elle est réunie dans Pierre et ses successeurs. Otez l'unité de Pierre et de ses successeurs, vous la détruisez par l'anarchie; ôtez le nombre des autres apôtres et de leurs successeurs, vous la détruisez par le despotisme. Quiconque ne conçoit la souveraineté qu'existant dans un seul ou dans plusieurs exclusivement, ne sait, ni ce que c'est qu'unité, ni ce que c'est que nombre, ni ce que c'est que souveraineté.

Ce partage de la souveraineté ecclésiastique n'était point révoqué en doute dans les premiers siècles. Les évêques exerçaient leurs droits apostoliques sans contestation. Ils décidaient des points de foi avec le Pape. Ils étaient institués selon la discipline du lieu, et maîtres dans leur diocèse. Mais après que le catholicisme eut été transformé en théocratie par Constantin, que le pouvoir de l'Eglise fut étendu de l'ordre de la grâce à l'ordre social et à l'ordre religieux de la nature, et qu'il fut ainsi renversé, la constitution de l'Église le fut bientôt aussi. Les Papes s'attribuèrent peu à peu l'institution des évêques; la coutume d'abord, puis les concordats, ayant sanctionné cette usurpation, ils prétendirent posséder seuls la souveraineté, et, ce qui est la même chose sous un autre nom, l'infaillibilité. Pour lors, les évêques n'étant plus que leurs délégués et leur devant une obéissance sans limite, l'épiscopat se trouva aboli, et la constitution de l'Eglise ruinée comme son pouvoir.

Voyez comme tout se tient dans le monde des esprits. Constantin, en rendant obligatoires les croyances de l'Eglise, avait évidemment détruit la raison de l'homme, car la puissance civile, qui n'a d'action que sur les corps, ne saurait, si l'homme était reconnu comme être raisonnable, commander des croyances, qui n'appartiennent qu'à l'esprit; et, en s'arrogeant ce droit, elle le regarde rigoureusement comme un animal. Mais si l'homme n'a pas de raison ou n'est point un être raisonnable, il n'a, par sa nature, aucun rapport avec Dieu, qui n'est que raison ou pur esprit. Donc point d'ordre religieux de la nature; donc point d'ordre social qui n'a de lien moral que dans l'ordre religieux de la nature; et point d'ordre de la grâce, car la grâce, faite pour sanctifier la nature, est sans application et sans sujet dès que la nature n'existe pas. Donc point d'E-glise qui forme l'ordre de la grâce, donc point d'é-piscopat qui constitue l'Eglise, mais un homme, appelé Pape, maître absolu des autres hommes, et cependant esclave d'un petit nombre d'entre eux, sous les pieds duquel il jette ou retient les peuples et les rois, faisant de la religion un instrument pour l'élever ou le soutenir sur leurs ruines. Rétablissez l'épiscopat, rendez aux évêques leur portion de souveraineté, le droit de décider avec le Pape des matières de foi, et de leur donner des successeurs, à l'instant la raison renaît avec le droit d'examen, elle relève l'ordre religieux de la nature, où s'établit celui de la grâce, constitue l'ordre social en y de-venant indépendante, et les peuples et les rois se redressent et ressaisissent leurs droits respectifs.

C'est ainsi que la royauté ou le pouvoir monarchique, qui, de même que les autres pouvoirs politiques, n'a été instituée que pour assurer aux hommes l'indépendance de leur raison dans la société, est indépendante ou asservie elle-même, vivante ou ou morte, selon qu'elle reconnaît cette indépendance de la raison, s'appuie et se règle sur la volonté nationale qui en est l'organe, ou qu'elle la nie, et cherche son fondement et sa règle dans le pouvoir ecclésiastique, que par là elle détruit, en le transportant hors de sa sphère, et change en despotisme pontifical ou aristocratique, dont elle est le premier esclave et la première victime, et les peuples les seconds.

Telle est l'admirable et parfaite harmonie qui règne entre l'ordre social, l'ordre religieux de la nature et celui de la grâce, que l'existence ou la ruine de l'un produit nécessairement l'existence ou la ruine des autres, harmonie d'où naît l'intime liaison de la liberté civile et politique et de la liberté ecclésiastique, et qui forme l'ensemble magnifique du monde des esprits. Et tout cela repose sur l'indépendance de la raison dans l'ordre social et s'anéantit avec elle, ne laissant à sa place que l'empire d'une force aveugle et oppressive qui s'exerce, au nom du Pape, pour l'orgueil, l'ambition, et les plaisirs des grands, et écrase et détruit les nations. Voilà, avec l'effroyable corruption enfantée par ce monstrueux pervertissement du christianisme, l'histoire de quatorze siècles de l'Europe.

De là l'implacable haine qui anime la faction du privilége contre l'indépendance de la raison de l'homme, sa sacrilége et perverse ardeur à renverser la constitution et le pouvoir de l'Eglise, les vrais fondemens de la royauté, et à élever le despotisme du Pape comme pouvant seul l'abattre ; et de là le déplorable égarement des gens qui s'engagent dans cette affreuse guerre contre la religion, la société et la royauté, dans la persuasion sincère qu'ils les défendent contre l'impiété et l'anarchie.

Mais quoi qu'on fasse, la victoire est à la raison et à la révolution chrétienne qu'elle a déjà opérée en France, et chez d'autres nations. La contre-révolution peut accumuler de grandes ruines sous ses pas, ralentir un moment sa marche triomphante, mais non la faire retrograder, ni la suspendre. Le torrent du siècle, et l'océan de l'avenir, qui le presse, est jeté entre le nouveau et l'ancien régime comme l'Atlantique entre les deux continens ; nulle puissance humaine ne saurait l'en rapprocher. A peine y a-t-il trois siècles que l'homme s'est reveillé, et a commencé à sortir du néant où la faiblesse de sa corruption originelle et le despostisme religieux, et politique l'avaient enseveli, et il règne dans l'immensité des cieux, et il a presque renouvelé la motié de l'antique face de la terre. Les sciences et l'industrie dissipant au sein des peuples la superstition, les préjugés, l'ignorance et la misère, il élève chaque jour des sociétés libres, et hors l'Être éternel, qui l'a créé, et qui entretient la lumière et la vie en lui par sa présence au fond de sa pensée, il ne connaît plus d'autres maîtres que ceux qu'il s'est librement donnés. Le genre humain entier tressaille d'espérance

et de fécondité dans ce grand mouvement régénéra-
teur, et s'avance d'un pas ferme et sûr vers les hautes
destinées qui lui sont dévolues par sa nature raisonnable. Ici les voies de la Providence se découvrent à
nos yeux.

Quoique l'ordre social, l'ordre religieux de la nature et celui de la grâce soient indépendans de leur
nature, que les principes qui les constituent et les
puissances qui les gouvernent n'aient point d'influence les unes sur les autres, cependant, dans le
plan et l'œuvre de la création, l'ordre social est su-
bordonné à l'ordre religieux de la nature, et l'ordre
social et l'ordre religieux de la nature à l'ordre de la
grâce, auquel tout se rapporte dans les desseins de
Dieu et dans la disposition et l'arrangement qu'il a
mis dans les choses; et sans que l'ordre social agisse
sur l'ordre religieux de la nature et l'ordre social et
l'ordre religieux de la nature sur l'ordre de la grâce,
la perfection de l'ordre religieux de la nature se produit par celle de l'ordre social, et la perfection de
l'ordre de la grâce par celle de l'ordre social et de
l'ordre religieux de la nature. D'un côté, la liberté
et l'égalité civiles et politiques, et l'aisance, qui les
accompagne, exigeant à la fois de grands progrès
dans la raison, et donnant le temps et la faculté de la
cultiver, amènent la connaissance et l'amour de Dieu
et de ses perfections par la lumière naturelle, et
préparent et appellent le règne de la grâce, qui
n'est que la sanctification de cette connaissance et de
cet amour par la foi en J. C., et la participation aux
sacremens qu'il a institués; de l'autre, la liberté et

l'égalité civiles et politiques, séparant, dans la société, l'ordre social de l'ordre religieux de la nature, l'ordre social et l'ordre religieux de la nature
de l'ordre de la grâce, relèvent le pouvoir de l'É-
glise, en le contraignant de se renfermer dans
l'ordre de la grâce, qui est son vrai domaine, et
d'où il ne peut sortir sans se détruire, relèvent sa
constitution, en rendant aux évêques leur portion
de souveraineté ecclésiastique ; car en brisant le
pouvoir de l'Église dans l'ordre social et l'ordre
religieux de la nature, elles brisent le pouvoir absolu du Pape, dans l'ordre de la grâce. La domination temporelle du clergé tombe. Il ne lui reste
d'autre moyen d'influence que la science et la vertu,
qu'il est obligé d'employer à dégager la religion des
croyances et des pratiques superstitieuses où il l'avait
enfoncée, et la montrer aux peuples, sans voile,
pure de tout mélange, telle qu'elle sortit des mains
de Dieu, avec sa vérité et sa sainteté seules, qui ne
peuvent manquer de les subjuguer. Le jour donc
où le soleil n'éclairera que des sociétés libres et
des peuples dans la prospérité, où la raison tiendra
le sceptre incontesté de l'univers, ce jour, mais ce
jour seulement, verra l'entrée ou la rentrée des nations dans l'Église, et le culte en esprit et en vérité, le seul digne de Dieu et de l'homme, qui soit
agréable à l'un et salutaire à l'autre. Avec l'unité
d'indépendance dans l'ordre social, parmi les peuples, se produira l'unité de lumières dans l'ordre
religieux de la nature, et, avec l'unité d'indépendance et de lumières, l'unité de foi dans l'ordre

de la grâce : trois unités, qui diffèrent par essence, quoique se correspondant invariablement, et qui sont confondues avec la plus étrange ineptie par des sophistes, qui n'en font qu'une seule, qu'ils appellent unité de foi, voulant que les corps soient unis de la même manière que les esprits, et les esprits par la nature que les esprits par la grâce.

Aux yeux du catholique qui entend sa religion, il ne faut donc ni *nouvelles dispensations divines* (1), ni *nouveaux développemens de la doctrine qui sert de base à sa croyance,* pour trouver l'accomplissement des promesses que Dieu a faites à l'Église d'étendre son empire sur les diverses nations humaines. Il sait d'ailleurs que cette doctrine, don surnaturel de Dieu, fut, dès sa naissance, ce qu'elle doit toujours être; que l'homme ne peut, sans la détruire, ni y ajouter, ni en retrancher, ni la développer, ni l'abréger; il sait que cette doctrine, don de la charité, est parfaite, et par conséquent la dernière; car qu'y a-t-il, et que peut-on désirer après le souverain bien? C'est ce catholique cependant qui veut le Christianisme tel que Dieu l'a établi, tel que l'enseigne l'Église, qui est traité de novateur, de sectaire, d'hérétique, d'impie, d'athée, par ceux-là mêmes qui mettent à sa place les ab-

---

(1) M. de Maistre annonce une troisième dispensation de l'Esprit divin, et MM. de Bonald et de la Mennais promulguent, disent-ils, un nouveau développement de la doctrine chétienne. Quand on renie la raison, la folie devient naturelle, et n'a rien qui doive étonner.

surdes et bizarres inventions d'une imagination hé-
bétée ou délirante. Être singuliers, qui, ne pouvant
comprendre les premiers élémens de la religion et
de la philosophie, se croient des hommes extraor-
dinaires parce qu'ils extravaguent, et des intelli-
gences sublimes parce qu'ils s'agitent à l'infini au
dessous de la simple lumière naturelle; dont les uns
réduisent le Christianisme à un objet de grammaire
en le plaçant dans ce qu'ils appellent la parole, les
autres à une boucherie, en le plaçant dans ce qu'ils
appellent l'expiation par le sang, ou les sacrifices.
Esprits si ignorans et si insensés, qu'ils sont étran-
gers à toutes les sciences et déclament contre toutes;
si ignorans ou si imposteurs, qu'ils n'ont jamais cité le
texte ou exposé les opinions d'un auteur sans lui faire
dire tout le contraire de ce qu'il avait littéralement
écrit ou évidemment voulu dire; et cependant si
présomptueux et si pleins d'audace, que, si vous
refusez de vous prosterner devant l'ignoble idole
de leur orgueil, ils vous déclarent, en présence
de l'univers, l'ennemi du ciel et de la terre. Mais
attendons le triomphe de la vérité, du règne pro-
chain de la raison.

Fille immortelle des cieux! descends donc enfin,
descends solennellement sur la terre, qui, oppri-
mée encore d'une horrible manière par l'erreur et
les passions, t'appelle de ses gémissemens et de ses
cris. Cesse de la visiter d'un pied furtif ou rapide,
ou de t'arrêter en des lieux à peine visibles. Marche
à la tête des peuples; qu'ils soient tous ranimés et

renouvelés dans la splendeur de ta face, et se hâtent vers la liberté, la prospérité, la perfection et le bonheur, aux rayons de lumière et aux traits d'amour qui s'échappent des traces fécondes de tes pas divins.

FIN

PARIS, IMPRIMERIE ET FONDERIE DE J. PINARD,
RUE D'ANJOU-DAUPHINE, N° 8.